Moderne Hinterglasmalerei
Techniken und Motive

Gudrun Hetzel-Kiefner

Moderne Hinterglasmalerei

Techniken und Motive

CIP-Titelaufnahme der Deutschen Bibliothek

Hetzel-Kiefner, Gudrun:
Moderne Hinterglasmalerei. Techniken und Motive/
Gudrun Hetzel-Kiefner. – Wiesbaden: Englisch, 1990.

ISBN 3-8241-0385-0

© by F. Englisch GmbH & Co Verlags-KG, Wiesbaden
Umschlag und Innengestaltung A. Ruers.
Fotos J. Kiefner.
Alle Rechte vorbehalten.
Nachdruck, auch auszugsweise, verboten.
Printed in Germany

Die Ratschläge in diesem Buch sind von Autorin und Verlag
sorgfältig erwogen und geprüft, dennoch kann eine Garantie
nicht übernommen werden. Eine Haftung der Autorin bzw. des
Verlages und seiner Beauftragten für Personen-, Sach- und
Vermögensschäden ist ausgeschlossen.

Inhaltsverzeichnis

Vorwort	7

Die Geschichte	8

Arbeitsvorbereitung

Das Glasschneiden	11
Das Reinigen	11
Die Farbe	11
Der Pinsel	12
Malhilfen	13
Die Vorzeichnung	13

Die Technik

Maltechnik	15
Das Patinieren	16
Die Rißzeichnung	16
Hintergründe	19
Trocknungszeiten	19

Motivsuche

Kinderbilder	19
Darstellungen des Alltags	20

Verschiedene Farben

Malen mit Kreiden	22
Temperamalerei	23
Hinterglas-Aquarell	24
Ölmalen	26
Antireflexglas	31
Malen in Phasen	37

Gestalten von Bildern

Kompositionslehre und Farbtheorie	38
Geometrische Formen	40
Portraits	42
Ikonen	47

Besondere Techniken

Craquelieren	49
Vergolden	49
Hinterglasradierung	50
Hinterglascollage	50
Spiegel	54

Objekte

Der Rahmen	57
Das Ornament	60
Das Fenster	62
Bleiverglasung	62

Anhang	64

Vorwort

Mit der Hinterglasmalerei verbindet man normalerweise eine Kunst, die sich ausschließlich der volkstümlichen Motive bedient. Daß es aber eine Hinterglasmalerei geben soll, die sich anderer, moderner Motive bedient, dies mag zunächst erstaunen, hat man doch die Vorstellung, daß diese Kunstrichtung in ihrer Entwicklung stehengeblieben ist. Aber ist diese Vorstellung richtig?

Die Glasmalerei erfuhr seit dem Mittelalter eine rasante Entwicklung, denn mit den technischen Möglichkeiten der Glasherstellung ging auch die Gestaltung mit farbigen Glasstücken und das Malen auf Glas einher. Diese Kunstrichtung wurde weiterentwickelt. Namhafte Künstler entdeckten die Glasmalerei und gaben ihr eine moderne Note. So schuf zum Beispiel Marc Chagall die Kirchenfenster der St.-Stefans-Kirche, die heute unzählige Besucher nach Mainz locken.

Die Hinterglasmalerei hat dagegen eine andere Tradition, denn im Gegensatz zur Glasmalerei erhält das Gemälde kein Durchlicht, wie es für Fenster bei der Glasmalerei kennzeichnend ist: Bei der Hinterglasmalerei wird die Rückseite des Glases deckend bemalt.

Malen Sie einmal mit matter Temperafarbe einen Klecks auf eine Glasplatte und wenden Sie diese um. Die Temperafarbe leuchtet in ungewohnter Intensität. Es ist gerade die Leuchtkraft der Farben, die man mit der Technik der Hinterglasmalerei erzielen kann, die frappiert, und die mich persönlich so beeindruckte, daß ich mich zunächst mit der klassischen Hinterglasmalerei beschäftigte. Und hier wollte ich mit moderner Sehweise und mit modernen Motiven anknüpfen. Als Gestalterin, Illustratorin und Druckkünstlerin hatte ich mich bisher nie aktiv mit der Malerei auseinandergesetzt – erst das Glas gewann mich dafür.

Lassen auch Sie Ihrer Fantasie freien Lauf, entdecken Sie eigene Motive und folgen Sie mir nach, eine angeblich stehengebliebene Kunstrichtung neu zu entdecken und weiterzuführen!

Um den Einstieg zu erleichtern, sind die grundlegenden Techniken erklärt und der Werdegang eines jeden Bildes Schritt für Schritt beschrieben. So können Sie von einfachen Bildern zu komplexen Gemälden vordringen. Den Anschluß an die Tradition finden Sie in einigen Abbildungen alter Hinterglasmalereien, die hier als Anschauungsmaterial dienen sollen.

Wenn Sie also nicht gleich beim Schwierigsten beginnen, werden Sie Erfolg und viel Freude mit der Hinterglasmalerei haben.

Gudrun Hetzel-Kiefner

Die Geschichte

„St. Martin"

Die Geschichte

Während die Glasmalerei bereits im Mittelalter in voller Blüte stand, begann die Kunst der Hinterglasmalerei erst im 18. Jahrhundert. Glasmalerei und Hinterglasmalerei unterscheiden sich jedoch voneinander.
Durch mehrmaliges Übermalen erhielt man bei der Glasmalerei verschiedene Helligkeitsstufen, von der klar durchscheinenden Scheibe bis zur lichtundurchlässigen. So konnte man die Figuren der Fensterbilder plastisch darstellen. Mit Schwarzlot tönte man Partien ab. Das Schwarzlot wurde im Brennofen in die farbige Scheibe eingebrannt und verband sich unlösbar mit dem Glas. Schließlich fügte man die kleinen farbigen Glasscheiben mit Bleiruten zu großen Bildern. Man war noch nicht in der Lage, große Flachgläser herzustellen. Die Stabilität beispielsweise eines hohen Kirchenfensters wurde größer, da es aus vielen kleinen Facetten bestand.

Die Geschichte

„St. Georg"

Im 19. Jahrhundert wurde die Walzmaschine erfunden. Mit ihr wurde die maschinelle, fabrikationsmäßige Herstellung größerer Flachgläser möglich. Die Hinterglasmalerei nahm wohl dennoch ihren Anfang in der Umgebung von Glashütten. Die Schweiz gilt als ihr Ursprungsland. Anfang des 18. Jahrhunderts wurden Druckgrafiken auf Glas abgezeichnet und koloriert. Im Schwarzwald waren es Uhrschildermaler, die sich mit der Hinterglasmalerei befaßten. Gelegentlich findet man noch eine Schwarzwalduhr mit reich bemalten Ziffernblättern in Hinterglastechnik. Die Uhrenverkäufer und wandernden Händler waren es auch, die den Vertrieb besorgten. Hauptabnehmer dieser farbenfrohen oder einfachen Bilder war die ländliche Bevölkerung. In den dunklen Stuben war ein Hinterglasbildchen, in leuchtenden Farben gemalt, ein Lichtblick.

Die Hinterglasbilder waren von Anfang an eine Handelsware. Sie drücken also selten die Gesinnung des Malers aus, sondern zeigen den Geschmack der Kunden. Die Themen lassen sich entsprechend eingrenzen. Die überwiegende Mehrheit der Bilder zeigt Schutzpatrone, Heiligenfiguren und biblische Begebenheiten. Daneben stehen naive, ländliche Motive. Ranken und ornamentale Kartuschen wurden häufig verwendet. In den Städten entstanden die Zünfte der Bildermaler. Diese fertigten Gemälde von weitaus höherem Anspruch an Handwerk und Können, wie einige der Abbildun-

9

Die Geschichte

„Bazar"

gen zeigen. Augsburg galt als eine Metropole für Hinterglasmalereien. Von dort stammen viele spätbarocke Gemälde.

Die Kunst der Glasmalerei hat sich bis heute erhalten und weiterentwickelt. Die Farbpalette hat sich erweitert, ebenso die Strukturenvielfalt. Hinzugekommen sind opale (lichtundurchlässige) Gläser mit farbigen Änderungen.

Grundsätzlich kann man zwei verschiedene Arten von Hinterglasmalerei unterscheiden. Die freie künstlerische Malerei arbeitet ohne Konturlinien, ohne Riß. Der anderen Sorte von Hinterglasmalerei liegt eine Schwarzzeichnung – ein Riß – zugrunde, der auf das Glas übertragen und anschließend koloriert wird. Die letztere ist nicht nur die einfachere, sondern auch die ökonomischere Version. Denselben Riß kann man unzählige Male auf Glas kopieren und sodann mit schnellen Pinselstrichen ausmalen.

Für den Hobbykünstler wurden transparente Farben entwickelt, die sehr schön leuchten und sich fest mit dem Glas verbinden, ganz ohne Einbrennen. Zu den klassischen Bleiruten haben sich selbstklebende Bleibänder gesellt, mit denen man Imitationen erzeugen kann.

Arbeitsvorbereitung

Das Glasschneiden

Zuerst wählt man die Glasscheibe aus. Das Format für meine Miniaturen beträgt 8 x 12 cm. Es empfiehlt sich jedoch, Glasscheiben mit hübschen Rähmchen auszusuchen. Findet man keine fertig eingefaßten Scheiben, muß man sich die Glasscheiben selbst zuschneiden. Hierzu benötigt man einen Glasschneider, ein kleines Handwerksgerät mit einem scharfen Schneiderädchen und zwei u-förmigen Einkerbungen zum Abbrechen der Scheiben. Man erhält es in jedem Handwerkerbedarfsgeschäft. Ganz einfach ist das Glasschneiden nicht. Man muß ein paar Übungsschnitte ausführen, ehe es halbwegs gelingt. Ich verwende ein Stahllineal um gerade zu schneiden. Senkrecht führe ich den Glasschneider mit leichtem Druck an der Linealkante entlang, so daß das Schneiderädchen eine Linie ins Glas ritzt. Mit der u-förmigen Einkerbung kann ich dann den Glasstreifen fassen und abbrechen. Mir ist das Glasbrechen nic so ganz geheuer. Ich klopfe lieber an dem Stück, das abbrechen soll, nachdem ich es geritzt habe. Dann bricht es an der gravierten Linie ab. Runde Gläser und große Formate lasse ich immer vom Gläser zuschneiden. Er schleift auch gleich die scharfen Kanten mit der Bandmaschine. Zu Hause muß man das mit mittelgrobem Schmirgelpapier besorgen.

Das Reinigen

Die zugeschnittene, an den Kanten geschliffene Glasscheibe muß gut von Schmutz und Fett gereinigt werden. Hierzu wasche ich sie mit Schwamm, Seife und Wasser ab. Trocknen kann man sie zwischen Zeitungspapier oder mit einem weichen Lappen. Wenn die Glasscheibe auf dem Arbeitsplatz liegt, reibe ich sie mit Fensterreiniger und einem fusselfreien Lappen noch einmal ab, damit auch der letzte Fettfinger entfernt ist. Diese Vorsichtsmaßnahme ist wichtig, denn später ärgert man sich sehr, wenn mitten im Bild die Farbe nicht haften will und sich zu kleinen Perlen zusammenzieht.

Die Farbe

Erstaunlich viele Malfarben lassen sich für die Hinterglasmalerei verwenden: Tempera-, Plakat-, Öl-, Acryl-, Aquarellfarben und wasserlösliche Stifte. Für die Umrißzeichnung verwendet man meistens Tusche, die mit der Farbe oder dem Pinsel aufgezeichnet wird, oder wasserfeste Filzschreiber. Als Einsteiger in die Technik würde ich nicht mit Aquarellfarben beginnen, sie haben ihre Tücken. Beginnen Sie mit Tempera- und wechseln Sie bald zu Ölfarben. Ölfarben sind meiner Meinung nach für die Hinterglasmalerei unübertroffen. Tempera- und Ölfarben werden in einzelnen Tuben angeboten. Wenn sie zu ganzen Malkästen zusammengestellt sind, ist das Sortiment meist viel zu groß und die Anschaffung kostspielig. Wer erst einmal ausprobieren will, sollte sich ein kleines Sortiment selbst zusammenstellen. Gemäß der Farbenlehre kann man aus den drei Farben Gelb, Blau und Rot alle anderen Farben herstellen. Das ist für unsere Art von Malerei viel zu aufwendig. Ein etwas größeres Sortiment sollte man schon haben, um gut arbeiten zu können. Da bei der Hinterglasmalerei das Papierweiß fehlt, muß man es aufmalen, wo es bildwirksam werden soll.

Man benötigt also eine große Tube Weiß. Unter den Ölfarben gibt es verschiedene Arten von Weiß: Kremser Weiß, Titanweiß und Zinkweiß. Ich arbeite gerne mit Zinkweiß, andere schwören auf Kremser Weiß. Für die Temperapalette nimmt man einfach Deckweiß. Die anderen Farben kauft man in normalen Tubengrößen.

Man benötigt:
Zinnoberrot – gibt mit Gelb ein schönes Orange
Karminrot – gibt mit Blau ein schönes Violett
Englischrot – zum Mischen von Hauttönen
Zitronengelb – durch Mischen schlecht zu erzielen
Goldgelb – gibt mit Blau ein schönes Grün
Preußischblau – für dunkle Schatten
Ultramarinblau – gibt mit Rot schöne Violetts
Olivgrün – gibt mit Ocker schöne braungrüne Töne
Grasgrün – um Grün nicht immer mischen zu müssen
Chromoxydgrün feurig – zum Mischen verschiedener Töne
Lichter Ocker, gebrannter Ocker, Umbra – für Erdfarben
Schwarz – zum Brechen der Farben

Mit dieser Palette können Sie fast alle Farbprobleme lösen. Für spezielle Farbkompositionen werden Sie vielleicht erst später die Erdfarben oder die Grüntöne ergänzen.

Der Pinsel

Wenn Sie mit dem Pinsel zeichnen wollen, ist der beste gerade gut genug. Ein billiger Pinsel ist unfolgsam, er wird immer ausbrechen und nie genau das zeichnen, was Sie wollen. Kaufen Sie sich einen echten Rotmarderpinsel. Nicht der Feinste zieht die dünnsten Linien, sondern der mit der besten Spitze. Kaufen Sie also lieber einen 3er- oder 4er-, keinen 0er-Pinsel. Sie können auch mehr Farbe aufnehmen. Dadurch lassen sich länger Linien zeichnen, ohne nachtanken zu müssen. Erstklassige Pinsel werden heute noch von Hand hergestellt. Damit die feinen Haare keinen Schaden nehmen, werden sie nicht nur mit Plastikhülsen besteckt, sondern auch mit Kleister steif gemacht. Man kann deshalb per Augenschein nicht beurteilen, ob der einzelne Rotmarderpinsel wirklich eine perfekte Spitze hat. Im Spezialgeschäft dürfen Sie aber durchaus um ein Glas Wasser bitten, um den Kleister herauszuwaschen. Dann sieht man sofort, ob die Pinselhaare wieder zu einer festen Spitze zusammengehen oder sich wegspreizen. Einen teuren Pinsel muß man pflegen. Er wird jedesmal mit Wasser und Seife gereinigt, nicht mit Verdünnung, das macht ihn rauh. Das Wasser wird aus seinen Haaren gepreßt und eine feine Spitze geformt. Hat man ihn so strapaziert, daß sich die Spitze nicht mehr bilden will, kann man ihn trimmen. Hierzu taucht man die Haare in angerührten Tapetenkleister und formt ihn, bis er mit feiner Spitze trocknet. Den Kleister beläßt man im Pinsel bis zur nächsten Verwendung.

Arbeitsvorbereitung. Die Vorzeichnung

Malhilfen

Je größer die Bildformate werden, um so schwieriger wird es, nicht auf die Glasplatte oder den frischen Farbauftrag zu kommen. Manche Maler basteln sich deshalb ein Malerbänkchen. Das ist eine kleine Holzbrücke, die auf zwei Holzklötzen aufliegt. Dieses Brettchen überspannt die gesamte Breite des Bildes. Man baut es recht niedrig, so daß die rechte Hand knapp über dem Bild aufliegen kann. Für mich ist ein Malerbänkchen allerdings unpraktisch. Das Bild liegt streng ausgerichtet darunter, und mit der Hand muß ich immer dieselbe Arbeitsrichtung einnehmen. Mich engt dieses Bänkchen im Bewegungsfluß des Farbauftrages ein. Ich bevorzuge daher den Malstock. Die alten Meister benutzten ihn für ihre großen Gemälde. Sicherlich kann man Malstöcke in gut sortierten Künstlerfachgeschäften erwerben. Ein Malstock ist aber auch leicht selbst gemacht. Mir genügt ein Stöckchen von 35 cm Länge. Etwas Haushaltswatte presse ich zu einer festen Kugel. Die Kugel wickele ich in ein kleines Stückchen Stoff und binde diesen Tampon mit Schnur fest an die Spitze des Stockes. Mit der linken Hand hält man den Malstock fest. Den Tampon plaziert man an einer noch unbemalten Stelle im Bild oder schon wieder außerhalb des Bildes. Die rechte Hand kann sich jetzt auf den Malstock stützen und in jeder Position ihre Pinselstriche ausführen.

Die Vorzeichnung

Geht man von einer vorhandenen Illustration aus, kann man diese direkt unter die Glasplatte legen und nacharbeiten. Das Ergebnis wird seitenverkehrt erscheinen. Nicht alle Vorlagen wirken seitenrichtig und seitenverkehrt gleich gut. Man prüft das, indem man die Illustration gegen das Fenster hält. Ist man der Meinung, sie käme nur seitenrichtig voll zur Geltung, muß man sie umzeichnen. Das ist ganz einfach: Transparentpapier wird auf die Vorlage gelegt und Strich für Strich durchgepaust. Die Farben kann man vernachlässigen, da es nur auf die Strichzeichnung ankommt. Die fertige Pause auf Transparentpapier braucht man nur zu wenden, schon hat man die seitenverkehrte Vorlage.

Die Technik

Linke und rechte Seite „Arabische Miniaturen"

Die Technik

Als Einstieg und zur Aufmunterung möchte ich zwei altarabische Miniaturen vorstellen. Sie stammen aus der Zeit, als der Islam noch nicht bilderfeindlich war und illustrieren die Fabeln „Kalia und Dimna" von al-Muqaffa aus dem 7. Jahrhundert und das „Buch über die Tiere" von al-Jahiz aus dem 14. Jahrhundert. Es handelt sich also um kleine Kostbarkeiten.

Maltechnik

Gleich von Anfang an kann man mit verschiedenen Maltechniken experimentieren, um herauszufinden, welche einem besonders liegt. Die reine Malerei ohne Umrißzeichnung sollte man sich aufsparen, bis man mit dem Farbträger Glas vertraut ist, es sei denn, man hat einige Erfahrung mit Aquarelltechnik auf Papier und Ölmalerei auf Leinwand. Mit einer Rißzeichnung zu arbeiten ist bei weitem einfacher, als direkt mit Farbe auf Glas zu malen. Bei der Hinterglasmalerei malt man ja, wie der Name sagt, auf der Rückseite des Bildes. Will man das Ergebnis beurteilen, muß man das Glas immer umwenden. Wer von der klassischen Ölmalerei kommt, muß umdenken. Akzente und Lichter werden nicht zum Schluß aufgesetzt, nachdem man die Hintergrundfarbe lange genug hin- und hergestrichen hat. Bei der Hinterglasmalerei müssen zuerst die Lichter gesetzt werden, daneben die Schatten. Der Hintergrund wird im letzten Arbeitsgang eingezogen. Sie ermessen den Vorteil, den man an einer Rißzeichnung hat. Da haben die Figuren schon einen Halt und können nicht ausufern. Man sieht immer genau, bei welchem Detail man sich gerade befindet. Die Rißzeichnung muß durchaus nicht starr sein wie die althergebrachten Vorlagen der Holz- und Kupferstecher. Bei Rissen, die man nach Zeichnungen und eigenen Fotografien erarbeitet, sollte man auch einen eigenen Stil kultivieren. Die Umrißzeichnungen der Bilder „Junge mit der Schleuder" wurde mit einer feinen nervösen Feder gezeichnet, die krakelig über das Glas gezogen wurde. Bei „Mama ist lieb" zog ein Pinsel die Umrißlinien und füllte sogar einige Flächen. Das Bild wirkt dadurch plakativ.

Das Patinieren

Sehr anspruchsvoll klingt, was ganz einfach ist. Um einem neu entstehenden Gemälde den Ausdruck eines gealterten Hinterglasbildes zu geben, kann man es künstlich altern lassen. Bei alten Bildern ist häufig Feuchtigkeit unter das Glas gekrochen und hat besonders an den Ecken und Rändern bräunlichgrüne Stockflecken gebildet. Manche Bilder zeigen sogar Risse in der Farbe unter dem Glas: Die verschiedenen Farbschichten haben Spannung aufeinander ausgeübt und sind gerissen. Auch diese Rißbildung kann man künstlich herbeiführen. Diese komplizierte Technik beschreibe ich auf Seite 49. Für das Patinieren mischt man Sepiatusche mit etwas Grün ab und tupft sie mit einem Schwämmchen auf die gereinigte Glasscheibe. Wenn man mit der Fleckigkeit zufrieden ist, läßt man die Tusche antrocknen. Sehr flink kann man eine zweite Schicht über die erste legen, ohne die getrocknete Farbe gänzlich abzulösen. So finden sich hellere und dunklere Flecken auf der Scheibe, die das Ganze natürlicher und echter wirken lassen. Für diese Arbeit braucht man ein glückliches Händchen, denn es geht ganz rasch. Mir ist es schon mehrfach passiert, daß die feinen Tropfen zu großen Pfützen zusammenliefen und ich die ganze Prozedur mehrfach wiederholen mußte. Diese Patina muß man gegen Wasser schützen, will man mit Tempera weiterarbeiten. Es gibt hierfür inzwischen Sprühlacke, die FCKW-frei sind und die Umwelt nicht unnötig belasten. Der Lack soll matt, nicht glänzend auftrocknen, sonst perlt die Farbe beim nachfolgenden Bemalen. Patinieren kann man auch mit Holzbeize.

Die Rißzeichnung

Die ersten Umrißzeichnungen sollten Sie mit der Feder, nicht mit dem Filzschreiber fertigen. Für den Filzschreiber braucht man eine sehr sichere Hand, sonst empfindet man das Ergebnis als „Gesudel". Die Feder erlaubt eher einen krakeligen, suchenden Strich. Hier dürfen Sie auch eine zweite neben die erste Linie setzen, wenn diese nicht getroffen hat. Wichtig ist nur, daß Sie möglichst locker mit der Feder zeichnen und nicht verkrampft die Linie der Vorzeichnung exakt nachzufahren suchen. Mit einer einfachen Zeichenfeder wird jetzt die Umrißzeichnung aufgebracht. Die Breite der Federspitze hängt von der Größe des Bildes und der Dominanz, die die Zeichnung selbst haben soll, ab. Man legt die Glasscheibe über die seitenverkehrte Transparentpause und zeichnet Linie um Linie durch. Ich habe mir angewöhnt, streng von links nach rechts zu arbeiten. So kann ich die rechte Hand auf ein Stück Papier auflegen, das ich immer weiter verschiebe. Man verschmiert keine Linie und bringt keine Fettflecken auf die Scheibe. Wasserfeste Tusche hat den Vorteil, daß man ohne Zwischenlackierung sofort mit Tempera kolorieren kann. Die Zeichenfeder sollte nicht ins Tuscheglas eingetaucht werden. Sie nimmt sonst unkontrolliert viel Farbe auf und tropft womöglich aufs Bild. Jedes Mal, wenn Farbe aufgenommen werden soll, taucht man einen Pinsel ins Tuscheglas und streift ihn an der Feder ab. So kann man die Tuschmenge gut dosieren. Ist die Tusche gut getrocknet, malt man die Farbfläche mit Tempera aus. Sicherlich ist es eine schöne Übung, einen Riß nach der Vorlage eines Dürer-Zeitgenossen anzufertigen. Man findet solche Holz- und Kupferstiche in entsprechenden Kunstbüchern.

Die Technik. Die Rißzeichnung

„Mama ist lieb"

Die Technik. Hintergründe

„Schwertblume"

Hintergründe

Bei „Mama ist lieb" wurde der Hintergrund – die Spielstraße – nachträglich mit Pfützen versehen. Auf die trockene aber wasserlösliche Tusche tropfte ich Sepiatusche, die sich durch die Temperafarben fraß.

Hintergründe kann man auf verschiedene Weisen herstellen. Die einfachste besteht darin, einen farbigen Karton zu hinterlegen. Meistens ist die Lösung jedoch ungeeignet, weil der Karton der kolorierten Zeichnung recht fremd ist.

Gleichmäßig aufgetragene Farbflächen stupst man mit einem dicken Pinsel, solange sie naß sind. Dieser Pinsel ist das Gegenteil zu dem weiter oben besprochenen feinen Mal- und Zeichenpinsel. Er soll auf keinen Fall eine Spitze haben. Alle Haare sollen gleich lang und der Pinsel vorne rund und stumpf sein. Spezielle Stupspinsel gibt es im Künstlerfachgeschäft teuer zu kaufen. Im Malerbedarfshandel gibt es einfache Farbpinsel, die ähnlich aussehen, aber nicht so dicht sind. Diese billigen Pinsel kann man leicht verdichten, indem man die Haare mit Zwirn oder einem Gummi eng zusammenbindet. Gestupste Flächen werden sehr gleichmäßig, aber auch lebendig.

Lebhaft wirken Hintergründe, die mit Stofflappen oder geknülltem Zeitungspapier aufgeklatscht werden. Den geknüllten Stoff oder die geknüllte Zeitung taucht man in die Farbe und drückt sie mehrfach auf der Glasplatte ab. Auf diese Weise entstand der Hintergrund von „Schwertblume".

Trocknungszeiten

Richtlinien für die Trocknungszeiten von Ölfarben anzugeben, ist eine riskante Sache. Wie schnell oder langsam ein Bild trocknet, hängt vom Naturell des Malers ab, ob er den Farbauftrag sehr dünn wählt oder kräftig Farbe aufträgt. Der Trocknungsprozeß hängt auch vom Wetter ab. Ist es kalt oder hat es hohe Luftfeuchtigkeit, trocknet das Bild sehr langsam. Ein Ölbild, das in heißer Sonne gemalt wird, kann während des Malens wegtrocknen, selbst wenn kein trocknungsbeschleunigendes Malmittel verwendet wird. Ob ein fertiggestelltes Bild etwas schneller oder langsamer trocknet, ist nicht so wichtig. Wichtig wird die Frage, wenn Sie die Arbeit unterbrechen müssen, die Farbe aber noch nicht so modelliert haben, wie Sie es sich vorstellen. Man sollte deshalb vorher den Zeitaufwand anhand der Größe des Bildes und der Komplexität der Motive ungefähr abschätzen und gegebenenfalls mit trocknungsverzögerndem Malmittel arbeiten. Das unfertige Gemälde sollte man bis zur nächsten Bearbeitung an einen kühlen Platz legen.

Motivsuche

Kinderbilder

Kinder wurden in der klassischen Hinterglasmalerei selten dargestellt, sind aber heute beliebte Motive. Jeder, der eine Kamera besitzt, hat gewiß eine Reihe lustiger Kinderbilder im Fotoalbum oder in irgendeiner alten Pralinenschachtel. Man sucht ein Bild heraus, das die Figur möglichst gut erkennbar wiedergibt. Schwarze Schatten ohne Differenzierung verwirren den ungeübten Zeichner, wenn er versucht, mit Transparentpapier die Figur vom Foto abzupausen. Hat man die Pause vom Foto abgenommen, sollte man sie unbedingt noch einmal kritisch prüfen und eventuell überarbeiten. Beim Umsetzen der Grauwerte einer Fotographie in Umrißlinien sitzt man immer wieder einem Irrtum auf. Am Besten kontrolliert man seine Zeichnung an einem Kind, das schnell mal die gewünschte Pose einnimmt oder indem man sich selbst im Spiegel betrachtet. Ambitionierte Zeichner werden direkt nach der Natur arbeiten. Die Vorlage sollte zumindest bei den ersten Versuchen nicht zu klein sein und gegebenenfalls auf fotomechanischem Wege vergrößert werden. Vergrößern oder verkleinern läßt sich die Zeichnung in jedem Copy-Shop mit einem Zoom-Fotokopierer.

Motivsuche. Darstellungen des Alltags

Darstellungen des Alltags

Auch die traditionelle Hinterglasmalerei hat Themen aus dem Alltagsleben aufgegriffen, oft in naiver Malweise mit bäuerlichen Motiven. Aus den Niederlanden stammen die beiden Bilder mit der Wirtshausszene und dem Besuch der Familie beim Bader.

Man kann im Alltag unendlich viele Themen und Bildideen finden. Den Wochenmarkt zum Beispiel. Im Urlaub hat man mehr Muße, solche Alltagsszenen bewußt zu erleben und mit dem Auge des Malers zu betrachten. Die Fischer, wenn sie die Boote an Land ziehen, ein alter Mann, der Netze flickt, Boulespieler in Frankreich: alles wird plötzlich zum Thema. Mit der Kamera oder dem Zeichenstift sammelt man die Eindrücke, um sie später zu Hause in Hinterglasgemälde umzusetzen.

Motivsuche. Darstellungen des Alltags

„Möbelmarkt" auf S. 27 und „Gasse in Fes" auf
S. 29 sind solche Motive. Vor ein paar Jahren habe
ich Schwarzweißfotografien gemacht. Einige große
Schwarzweißabzüge, die mir nicht künstlerisch
genug für meine Fotoausstellung schienen, habe ich
lange Zeit in einer Schachtel aufbewahrt. Plötzlich
erkannte ich darin Motive für farbintensive Hinterglasmalereien.

"Junge mit der Schleuder"

Verschiedene Farben

Malen mit Kreiden

„Junge mit der Schleuder" wurde mit wasserlöslichen Kreiden koloriert, sie wurden trocken vermalt. Durch Nebeneinanderlegen verschiedenfarbiger Striche erzielt man Mischtöne. Auf Papier kann man die Kreiden auch übereinander malen, um Farbnuancen zu erzielen, bei Glas fällt diese Möglichkeit weg. Die Kreidelinien decken stark und lassen darüber gelegte Farben kaum durchscheinen. Deshalb muß man mit lockeren Strichlagen arbeiten, um Farbmischungen zu erzielen. „Mama ist lieb" und „Schwertblume" erhielten ihre Farbigkeit durch Tempera. Die weißen Lichter und dunklen Schattenpartien wurden als erste in die schwarzen Pinselzeichnungen eingetragen. Da die Temperafarben decken und auch schnell antrocknen, ist ein toniges Ineinandermalen nur in einer Farbschicht bei flottem Arbeiten möglich.

Verschiedene Farben. Temperamalerei

„Drei Könige"

Temperamalerei

Das Bild „Drei Könige" hat keinen flächigen Hintergrund. Vorder- wie Hintergrund sind bildhaft durchgestaltet. Die Illustration hatte ich für eine Seite in meinem Buch „Die schönsten Bräuche für Kinder" entworfen. Diese Nachtszene war dafür geschaffen, mit großen Kontrasten, sowohl in der Helligkeit wie in der Farbgebung, zu arbeiten. Wenn ich ein Bild wie dieses nicht nur einfach koloriere, sondern malerisch ausarbeite, verwende ich die Farbe Schwarz für Dunkelheit selten. Schatten und Dunkelheit setzte ich mit Preußischblau. Je nach Tiefe der Dunkelheit oder des Schattens verwende ich es in Spuren oder ganz intensiv. Der Stern und das Licht im Fenster leuchten nur, wenn ringsherum wirklich Dunkelheit herrscht. Auch Licht ist nicht einfach nur weiß. In diesem Fall wirft es gelbe Flecken in die Nacht. Die weißen Gewänder der drei Könige sind nicht schneeweiß,

sie nehmen die Farben der Lichter und Schatten an, von denen sie getroffen werden. Die Rißzeichnung der drei Könige wurde mit einem wasserfesten Filzer ausgeführt, die Temperafarbe ohne Zwischenlack darauf gemalt. Beim Malen muß man die Glasscheibe immer wieder umwenden, um die Wirkung zu prüfen.

Verschiedene Farben. Hinterglas-Aquarell

Hinterglas-Aquarell

Aquarellfarben werden nicht sehr häufig für Hinterglasmalerei eingesetzt. Sie sind heikel und perlen gerne vom Glas ab. Für das Bild „Bethlehem" habe ich sie dennoch verwendet, denn ich wollte statt einem intensiv leuchtenden Bild einen Ausblick aus meinem Fenster auf eine Landschaft in zarten, verblasenen Farben. Zuerst habe ich eine Bleistiftzeichnung auf Skizzenpapier gemacht. Eine Stadt am Berg mit hübschen Häusern, ein Baum, Landschaft. Nach dieser Bleistiftzeichnung fertigte ich mir auf Transparentpapier eine genaue Rißzeichnung als Vorlage. Um Klarheit über die Farbgebung zu haben, malte ich die Bleistiftzeichnung mit einem dicken Pinsel und Aquarellfarben aus. Einen Farbentwurf zu machen ist immer sinnvoll, wenn man ein größeres Bild bearbeitet, insbesondere bei der Aquarelltechnik. Die Rißzeichnung wurde mit dem Filzschreiber-Strich glaubwürdig und gut. Die Stadt erhielt allerdings etwas Konstruiertes, Unwirkliches. Zittrige, suchende Linien, mit der Feder gezeichnet durchaus akzeptabel, wirken mit dem Filzer dilettantisch. Zwischen den wasserfesten Filzerlinien lassen sich die Flächen sofort mit Aquarellfarbe füllen, ohne daß man einen schützenden Lack zwischen die beiden Arbeitsgänge legen muß.

Aquarellfarbe läßt sich kaum ohne Wolken auf Glas aufmalen. Man sollte diese Wolkenbildung zum Gestaltungsmittel machen. Manchmal zieht sich die Farbe zu einem Klecks zusammen, kaum daß man sie aufgebracht hat. Wenn das passiert, muß man mit Seife oder Ochsengalle arbeiten, um die Oberflächenspannung der flüssigen Farbe zu ändern. Wer mit Seife arbeitet, stellt sich eine Seifenschachtel mit einem Stück einfacher Handseife neben den Aquarellfarbenkasten. Jedesmal, ehe der feuchte Pinsel Farbe aus dem Aquarellnäpfchen aufnimmt, streicht man mit dem Pinsel über die Seife. Wer mit Ochsengalle arbeitet, muß ausprobieren, wie dick der Tropfen sein darf, den man der Farbe beigibt. Ochsengalle mußte man früher im Schlachthof besorgen und deshalb aufbereiten. Heute kauft man sie gebrauchsfertig in Glasfläschchen beim Künstlerbedarfshandel.

Rechte Seite „Bethlehem"

Verschiedene Farben. Hinterglas-Aquarell

Die Aquarellfarbe für das Bild „Bethlehem" wurde sehr stark verwässert, um diese zarten Farben zu erzielen. Wenn man schnell und geschickt arbeitet, kann man eine zweite Farbnuance über den ersten Farbauftrag legen, ohne daß sich dieser auflöst. Wenn das nicht möglich ist, kann eine Lackschicht mit FCKW-freiem mattem Sprühlack dazwischen gelegt werden. Probieren Sie aber vorher aus, ob sich der Lack mit Wasser nicht anlöst. Nur wenn man die Farben zart und durchscheinend aufträgt, ist es möglich, mit mehreren Farbschichten zu arbeiten und dadurch Plastizität zu erzielen. Das größte Format habe ich im Stehen bearbeitet und das auf dem Arbeitstisch aufliegende Fenster immer wieder gewendet, um die Wirkung zu prüfen. In dem alten Fenster mit der trennenden Sprosse wirkt das Bild wie ein Ausblick.

Ölmalen

Die Vorbereitungen zur Realisation sind immer dieselben. Nach der Fotografie legt man eine Zeichnung an, entweder durch Pausen auf Transparentpapier und anschließendem Überarbeiten oder frei nach Anschauung. Weder beim Pausen noch beim Zeichnen sollte man sich sklavisch an die Fotografie halten. Fotografien sprechen eine andere Sprache als Zeichnungen und Gemälde. Akzeptiert man es in der Fotografie, wenn abgebildeten Figuren die Füße abgeschnitten sind, so ist man bei der Betrachtung einer Zeichnung oder Malerei nicht so ohne weiteres bereit, derart harte Amputationen hinzunehmen. Da muß die Zeichnung oder Malerei dort wenigstens ins Nebulöse verschwimmen.
Bei der Fotovorlage „Möbelmarkt" waren die Figurengruppen weiter auseinander gezogen. Für das Gemälde verdichtete ich das Ganze. Der Riß wurde mit der Feder gezeichnet. Der Möbelmarkt fand auf einem sonnigen Platz statt, so daß alles sehr farbig erschien. Um diese Farbigkeit im Gemälde hervorzuholen, verwendete ich kein Schwarz zum Abdunkeln der Schattenpartien. Dem Licht setzte ich farbige Schatten gegenüber: Preußischblau, Grün, Blaubraun.

Von technischem Interesse ist außerdem der Übergang von der gelben Sanddüne zum blauen Himmel. Beide Farben wurden hart bis an die Horizontlinie herangemalt und dann durch Hineinmalen von Weiß in Dunst gehüllt.
Das Bild „Möbelmarkt" wurde mit Öl gemalt. Da Ölfarben die Tuschlinien nicht anlösen, kann man auf eine Zwischenlackierung verzichten, es sei denn, man hat einen sehr ruppigen Malstift mit harten borstigen Pinseln oder verwendet Filzschreiber. A propos Pinsel: Die feinen Rotmarderpinsel sind nicht für die Ölmalerei bestimmt. Hierfür sind spezielle Ölmalpinsel im Handel. Sie sind robuster und kräftiger im Haar, manchmal borstig. In der Mehrzahl der Fälle wird man Flachpinsel bevorzugen. Die Breite entscheidet über die grobe oder feine Arbeitsweise. Je weicher sie sind, um so zartere Verläufe und Töne kann man anlegen. Die borstigen eignen sich gut, um eine bereits aufgetragene Farbschicht mit einer darübergemalten zu vermischen. Das Relief, das für die klassische Ölmalerei so typisch ist, kommt bei der Hintergrundmalerei nicht zur Geltung. Nur blinde Streifen, die der grobe Borstenpinsel gelegentlich erzeugt, werden sichtbar – aber störend. Deshalb empfehle ich, für die Ausarbeitung von Ölgemälden auf Glas etwas weichere Pinsel zu nehmen. Zu weich dürfen sie jedoch nicht sein, sonst kann man die Farbe nicht mehr hin- und herstreichen. Für die Ölfarbe gibt es verdünnende Malmittel, die die Trocknungszeit beschleunigen oder verzögern. Deren Einsatz ist eine Frage der Arbeitsmentalität. Man kann auch ganz ohne auskommen. Wer Zwischenlack aufbringt, muß sich vergewissern, ob der Verdünner ihn nicht anlöst.

Verschiedene Farben. Ölmalen

„Möbelmarkt Fes"

Verschiedene Farben. Ölmalen

Bei der „Gasse von Fes" war nicht die Farbe, sondern das Spiel zwischen Hell und Dunkel ausschlaggebend. Ich arbeitete also auch im Gemälde mit starken Kontrasten. Dem hellen Weiß der oberen Hausfronten setzte ich ein tiefdunkles Preußischblau-Schwarz entgegen.

Diese großen Hell-Dunkel-Unterschiede, richtig plaziert, geben dem Bild sehr viel Leben. Auch die Pflastersteine sind nicht nur einheitlich grau. Manchmal fällt das Licht durch eine Ritze bis auf die Gasse, da leuchten die Pflastersteine hell auf. Die Menschen beschatten zumindest die Fläche unter ihren Füßen. Das ist ganz wichtig. Vergißt man an diesen Stellen die Schatten, scheinen die Figuren über der Gasse zu schweben. An manchen Stellen trifft auch farbiges Licht auf das Pflaster, oder es befinden sich tatsächlich ein paar Flecken am Boden. Die Hausfassaden, obwohl stark dem Licht ausgesetzt, sind nicht einfach kalkig weiß. Sie sind gezeichnet vom Alter der Stadt. Hier modert es ein bißchen, dort lief mal irgend eine farbige Brühe die Fassade hinab. Derartige Eintragungen machen das Gesamtbild lebendig, es scheint der Wirklichkeit so nahe.

Rechte Seite „Gasse von Fes"

Verschiedene Farben. Ölmalen

Verschiedene Farben. Ölmalen

„St. Tropez I"

In St. Tropez hat man auf jeden Fall was zu gucken. Da ist der Jachthafen mit seiner hübschen Häuserkulisse, den reichen Booten und Schiffen. Da tragen die reichen Frauen den absonderlichsten Fummel. Da sind die einheimischen Boulespieler, die unter den Platanen wie eh und je ihre Kugeln werfen.

„St. Tropez I" ist Häuschen um Häuschen, Fenster um Fenster gezeichnet. Die Rißzeichnung wurde mit der Feder angelegt. Die Szenerie war mir sehr malerisch in Erinnerung, deshalb wählte ich die Ölfarben. Während der Arbeit fühlte ich schon, daß in diesem Fall die grafischen schwarzen Linien nicht mit der Farbigkeit des Bildes zusammenfanden. Was man zuerst auf die Glasscheibe gebracht hat, läßt sich danach durch nichts mehr überdecken, es sei denn, man wird an dieser Stelle so dunkel, daß das Umfeld die Linien schluckt. Da ich nicht St. Tropez bei Nacht malen wollte, kratzte ich die dominantesten Tuschlinien mit dem Messer wieder heraus. Die schwächeren Linien störten weniger. Dennoch malte ich etwas später „St. Tropez II".

Verschiedene Farben. Ölmalen

„St. Tropez II"

Antireflexglas

Antireflexglas hat eine rauhere Oberfläche als normales Tafelglas. Aus dieser Tatsache entwickelte ich bisher nicht gekannte Techniken in der Hinterglasmalerei. Bei diesem Material ist es möglich, auch Bleistiftzeichnungen auf das Glas aufzubringen. Bei „St. Tropez II" legte ich statt einer Zeichnung mit der Feder eine Bleistiftskizze als Riß auf die Glasplatte. Sehr gut kam ich mit einem 2B-Stift zurecht. Härtere Stifte wirken blaß, weichere bröseln sehr.

Bei „Selbstportrait mit Hut" auf S. 46, welches in der gleichen Technik hergestellt wurde, mußte aber unbedingt mit einem Schutzlack fixiert werden. Ehe man ihn aufsprüht, sollte man feststellen, ob sich der Lack mit der anschließend aufzubringenden Farbe verträgt. Bei Ölfarben kann man meist auf ein Malmittel, einen Verdünner, verzichten.

Bei „St. Tropez II" setzte ich die Farbe viel expressiver ein als bei „St. Tropez I". Nicht das Detail interessierte mich, sondern die Gesamtstimmung, das sonnige warme Wetter, das Meer mit dem Boot. Auch bei dieser Malweise muß man sich zuerst überlegen, wo Licht und Schatten herrschen sollen. Man trägt diese Partien in die Skizze ein und verbindet sie dann mit der Farbe der einzelnen Darstellungen. Bei den Häusern malt man demnach zuerst die dunklen Fenster und Türen, trägt eventuelle Lichtreflexe in Front oder Giebel ein und malt dann die Fassadenfarbe, die sich mit dem noch feuchten Farbauftrag der Lichter und Schatten mischt.

Die Gegenüberstellung der beiden Bilder „St. Tropez I" und „St. Tropez II" zeigt auch, wie verschieden zwei Bilder von einander sein können, denen dieselbe Zeichnung zugrunde liegt.

Verschiedene Farben. Ölmalen

Ein zweites Mal läßt sich das beobachten bei den beiden Bildern „Boulespieler I" und „Boulespieler II". Das Motiv für die beiden Bilder fand ich auf einem Kleinbild-Diapositiv. Ich projizierte das Bild und fertigte eine Zeichnung an. Ein Dia taugt nur bedingt als Malvorlage: Wenn man bei jeder Farbeintragung diese winzige Motivvorlage gegen das Licht halten muß, verliert man bald die Lust. Deshalb wollte ich mir die Farbgebung nur ungefähr aufnotieren. Während ich das Dia auf die Leinwand projizierte, machte ich mir eine Skizze mit dickem Pinsel und Aquarellfarben. Die grobe Farbskizze diente mir als Orientierungshilfe für das Malen.

Verschiedene Farben. Ölmalen

„Boulespieler I"

Für den „Boulespieler I" zeichnete ich einen Riß mit Feder und Tusche nach der unter dem Glas liegenden Bleistiftskizze. Das Bild entstand wieder mittels Ölfarben. Ölfarben sind meiner Meinung nach unübertroffen, wenn es darum geht, Stimmigkeit herzustellen und ineinander zu malen. Das Foto hatte mich durch seine Farben und das Licht-Schatten-Spiel bezaubert. Mein Gemälde sollte dem in nichts nachstehen. Schwarz stempelte ich zur „Nichtfarbe" und verbannte es von der Palette. Auf Weiß kann man nicht verzichten, wenn man aufhellen will. Anders als im Aquarell liegt der Hinterglasmalerei ja kein Papierweiß zugrunde. Weiß muß als Farbe aufgebracht werden. Farbigem Licht setze ich farbige Schatten gegenüber. Besonders gut sieht man das an den Stämmen der Platanen.

Landläufig nimmt man an, Schatten seien schwarz. Oder man sieht, was man zu wissen meint. Versucht man aber sein Wissen einmal auszuschalten und beobachtet genau, so wird man interessante Dinge erleben. Gehen Sie einmal mit einer gelben Zitrone in die Discothek. Sie wissen, daß die Zitrone gelb ist, aber wie schaut sie aus? Sie ändert die Farbe mit jedem Wechsel im Lichtspiel der Discoscheinwerfer. Und Ihr weißes Hemd, sieht das wirklich weiß aus? Sie sagen zunächst: „Na klar!" Bei dem künstlichen Licht sieht aber alles anders aus. Und draußen bei Tageslicht? Tageslicht ist nicht gleich Tageslicht. Je nach Stand der Sonne ändert sich die Farbtemperatur des Lichtes. Fotografen können ein Lied davon singen. Fotografiert man bei steil stehender Mittagssonne eine knallrote Bank auf einer saftiggrünen Wiese, so wird man das Ergebnis ungläubig betrachten. Die Farben auf dem Resultat sind alles andere als knallig, sie sind matt und verblaßt. Morgens, ehe die Sonne über den Berg kommt, ist das Licht kühl und bläulich. Ist die

Verschiedene Farben. Ölmalen

„Boulespieler II"

Sonne da, wird das Licht warm und bringt alle Farben zum Leuchten. Um Mittag herum ist das Licht hart und weiß, am Spätnachmittag färbt es sich orange und dann rot. Zwischen Sonnenuntergang und Dunkelheit haben wir, die wir nicht so dicht am Äquator leben, eine blaue Stunde. Ein sonderbar kühles Dämmerlicht für ambitionierte Fotografen.

Aber nicht nur für die Fotografen ist dieses Wissen über die Farbe des Lichtes wichtig. Die Impressionisten haben bewiesen, wie wesentlich es für die Malerei ist. Wenn sie in Ihrem weißen Hemd unter einem belaubten Baum stehen, so bekommt Ihr Hemd einen Grünstich. Beobachten Sie diese Farbspiele genau und setzen Sie dieses Wissen für die Malerei ein. Ein Bild gewinnt damit ungemein an Leben.

„Boulespieler II" habe ich ganz ohne Gerüst gemalt. Die Bleistiftskizze lag unter der Glasplatte. Auf die Scheibe malte ich direkt mit Ölfarbe.

„Die Wracks von Gulvinic"
Urlaubseindrücke ganz anderer Art bekamen wir in der Bretagne. Hier reizten uns die bizarren Felsformationen und die bunten Boote der Fischer zum Zeichnen. Eines Tages entdeckten wir im hinteren Hafenbereich von Gulvinic einige verwitterte Bootswracks. Immer wieder radelten wir nach Gulvinic zu den Wracks. Wir besahen sie von allen Seiten und versuchten die Schiffsruinen zu zeichnen. Es war nicht einfach, sie auf Papier zu bannen. Jedesmal rangen wir um Form und Plastizität. Versucht man sie von der Spitze her zu zeichnen, war die perspektivische Verkürzung so drastisch, daß der sich verjüngende Rumpf einen ganz sonderbaren Bogen beschrieb. Blickte man von der Seite auf eines der Wracks, so hatte man seine Not, die Plastizität herauszuarbeiten. Trotz ihres desolaten Zustandes hatten die Schiffe ihre Spannung in der Gesamtform nicht eingebüßt. Wir studierten wieder und wieder die Biegung der einzelnen Planken.

Verschiedene Farben. Ölmalen

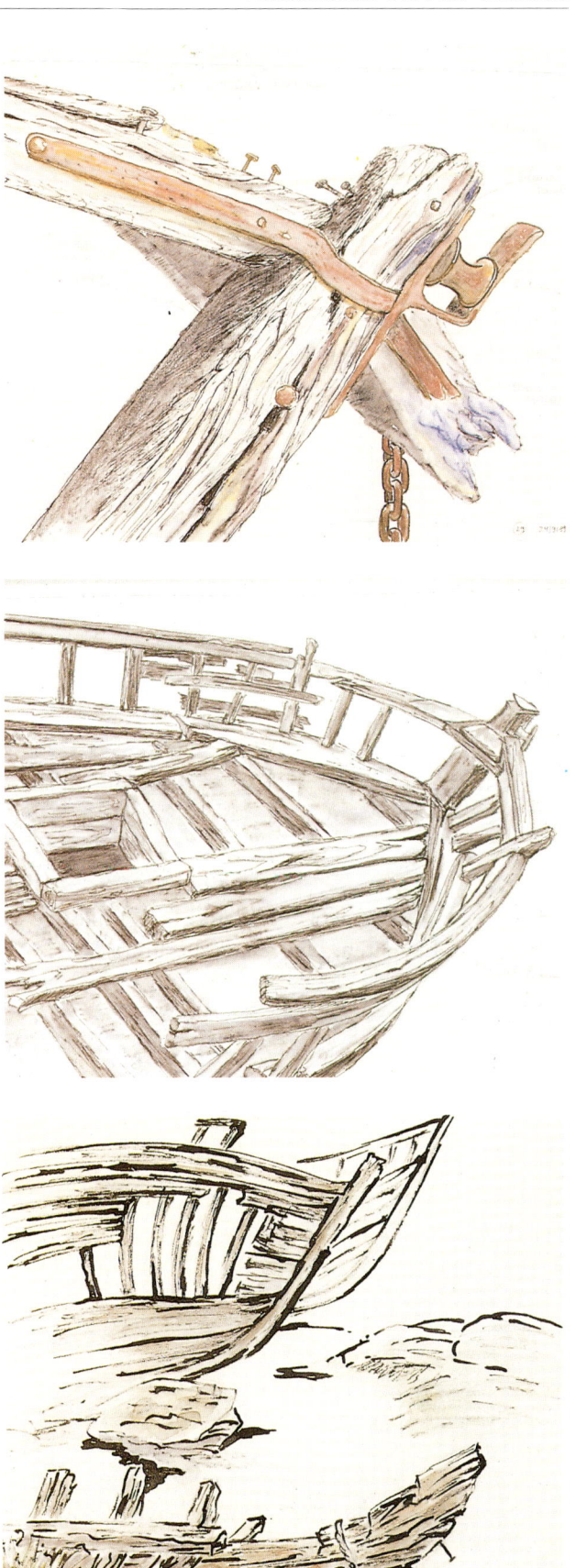

Mein Mann fertigte interessante Detailzeichnungen an, ich versuchte immer wieder aus verschiedenen Perspektiven die Gesamtform eines ganzen Schiffes zu erfassen.

Die beiden Boote neigten sich wie freundschaftlich einander zu. Mit einem weichen Bleistift legte ich ein Liniengerüst an; zuerst die Lage und Neigung des einen Buges, dann die des anderen. Sodann zeichnete ich die Fluchtlinien ein.
Für dieses erste Liniengerüst sollte man sich viel Zeit lassen und ganz genau beobachten. Scheuen Sie sich nicht, mit Bleistift und ausgestrecktem Arm Maß am Objekt zu nehmen. Nicht nur die Größenverhältnisse einzelner Details kann man auf diese Weise genau bestimmen, auch die Neigung diagonaler Linien. Man hält hierzu den Bleistift am ausgestreckten Arm möglichst senkrecht und kneift ein Auge zu. Untersucht man eine Linie, die einer Waagerechten nahe kommt, so hält man zum Anvisieren den Bleistift waagerecht. In beiden Fällen betrachtet man den Winkel, den die gesuchte Linie mit dem hochgehaltenen Bleistift ausmacht. Dieselbe Neigung muß die gezeichnete Linie auf dem Papier erhalten. Auf diese Weise trägt man die wichtigsten, objektklärenden Linien ins Skizzenbuch ein. Wenn diese Linien stimmen, ist die Hauptarbeit schon gemacht. Die Details findet man leicht, wenn man die Strecken vergleicht. Die erste Bohle des linken Bootes sitzt in der Mitte des Buges und verschwindet in halber Höhe hinter dem zweiten.
Bald hatte ich den Bogen heraus, den diese Planke haben muß. Nun begann es Spaß zu machen. Nachdem ich mich mit dem Bleistift an die Lage und Form der beiden Boote herangetastet hatte, wählte ich für die Ausarbeitung des Bildes ein anderes Handwerkszeug. Die starre dicke Bambusfeder und eine spröde Stahlfeder schienen mir geeignet, die Stimmung wiederzugeben.

Diese Zeichnung aus dem letzten Sommer sollte nun, da das Radio Schneefall und Glatteisgefahr meldete, zu einer Hinterglasmalerei ausgearbeitet werden. Das Hinterglasbild sollte der Zeichnung im Skizzenbuch sehr ähnlich werden. Deshalb verzichtete ich in diesem Fall nicht auf den Luxus einer Folienkopie meines Originales. Gute Fotokopiergeschäfte haben Klarsichtfolien zum Kopieren vorrätig. Die Kopie wendete ich um und konnte sofort seitenverkehrt zeichnen. Als Trägermaterial

Verschiedene Farben. Ölmalen

„Die Wracks von Gulvinic"

kam eine Antireflex-Glasscheibe zum Einsatz. Auf diese kann man mit dem weichen Bleistift aufzeichnen. Mit einem Bleistift 4B zeichnete ich ein Liniengerüst wie im Original. Beim Übertragen der Zeichnung vom Skizzenbuch auf das Glas sind diese Hilfslinien eigentlich gar nicht von Nöten. Gründe der Ästhetik veranlaßten mich, die Bleistiftlinien dennoch zu übernehmen. Sie schaffen im fertigen Bild Räumlichkeit und nehmen der oft eingefrorenen Hinterglaszeichnung ihre Starrheit. Gleich nach den Bleistiftlinien brachte ich etwas Farbe ins Bild. Hierfür verwendete ich wasserlösliche Kreiden. Sie wurden trocken in dicken kurzen Linien vermalt. Die Farbe wurde nicht gleichmäßig über alle Planken gezogen. Ich gab hier ein bißchen Rostrot hin, dort mehr Grün, dazwischen Ocker. Viele Stellen blieben offen. Die Federzeichnung wurde ohne Zwischenlack direkt aufgebracht. Ich verwendete Skriptol. Für die Zeichnung auf dem Glas benutzte ich nur die feine Stahlfeder. Die Bambusfeder rutschte mir zu unmotiviert über die Glasfläche und malte dicke schwarze Kleckse ohne Struktur. Mit der feinen Stahlfeder versuchte ich in etwa zu imitieren, was das Original vorgab. Dabei muß man aufpassen, daß man nicht in zittrige Kritzelstriche verfällt. Klare, richtungsweisende Linien müssen sich von knotterigen dicken Stellen abheben.
Mit einem farblich abgestimmten grauen Ingrespapier hinterlegte ich das fertige Bild.

Verschiedene Farben. Malen in Phasen

„Baum"

Malen in Phasen

Die bisher vorgestellten Bilder wurden alle in einem Zug gemalt, das heißt, innerhalb der Malphase wurde keine Trocknungszeit eingeschoben. Dadurch wischen die Ölfarben ineinander. Das Bild ist ein untrennbares Ganzes, weil sich die Grenzen verwischen.

Bei dem Bild „Baum" strebte ich diesen Eindruck nicht an. Der Baum sollte sich klar vor dem Himmel abzeichnen und nicht mit ihm zusammenfließen. Ich malte den Baum fertig und ließ die Ölfarbe dann völlig trocknen. Erst dann legte ich den Hintergrund an. Wenn man in dieser Weise arbeitet, kann man die Hintergrundfarbe unbekümmert über den Baum streichen ohne fürchten zu müssen, daß die Vordergrundfarbe verwischt.

Bei den Bildern „Baum" und „Bazar" habe ich übrigens statt der schwarzen Zeichentusche eine hellgraue verwendet. Der Riß, der gewöhnlich hart heraustritt, wirkt jetzt wie eine Silberstiftzeichnung und verbindet sich an einigen Stellen mit der Malfarbe. Die Linienführung wirkt feiner und zurückhaltender. Die hellgraue Tusche mische ich mir aus weißer, opaker Pen-Ink und wenigen Tropfen schwarzer Tusche. Mit flüssigem Temperaweiß kann man auch zu Rande kommen.

Gestalten von Bildern

Kompositionslehre und Farbtheorie

Sehr modern wirken farbkräftige Kompositionen einfacher geometrischer Formen. Den Entwurf sollte man aber nicht ganz dem Zufall und der Intuition überlassen. Die Anwendung einiger Erkenntnisse der Gestaltungslehre garantiert spannungsvolle Ergebnisse.

Wer nur eine geometrische Form für seine Bildkomposition einsetzt, muß damit nicht unbedingt Langeweile erzeugen. Eine Bildgestaltung lebt von Gegensätzen. Eine große Form wirkt nur neben einer kleinen Form groß. Neben einer winzigen Form wirkt eine große gigantisch, neben einer fast gleichgroßen Form wirkt die größere mittelmäßig.

Hell-Dunkel ist ein anderer Kontrast. Weiß wirkt am hellsten neben Schwarz.

Mit der Farbe kann man gleich mehrere Gegensatzpaare bilden: warm – kalt und komplementär. Einander komplementär sind Farben, die sich im Farbkreis genau gegenüber liegen, das sind: Rot – Grün, Blau – Orange, Gelb – Violett. Alle Pigmentfarben des Farbkreises ergeben beim Mischen zusammen ein neutrales Grauschwarz. Warum? Sie enthalten alle übrigen Farben des Farbkreises. In Grün steckt Blau und Gelb, zusammen mit Rot ist der Farbkreis komplett. Malt man die komplementären Farben direkt aneinander, so geschieht im Auge etwas Interessantes, denn an der Stoßkante der beiden Farben scheinen sich Rot und Grün zu Grau zu vermischen. Dieses Phänomen ist schuld daran, daß eine Komposition mit direkt aneinander grenzenden komplementären Farbflächen unruhig und irisierend wirkt.

Warm-kalt-Kontraste kann man bilden, wenn man Rot und Blau gegenüberstellt. Rotes Feuer wird als warm empfunden, blaues Wasser als kalt. Als wärmstes Rot wird Orange empfunden, als kältestes Blau Türkisblau. Malen Sie eine große blaue Fläche und setzen Sie ein winziges rotes Flämmchen hinein; die Wirkung des Rot ist sehr groß.

Man kann auch kräftige, ungetrübte Farben, gebrochenen mit Schwarz und Weiß, gemischten Farben gegenüberstellen. Eine kräftige Farbe wirkt erst richtig knallig, wenn sie eine trübe Umgebung hat. Ich malte einmal das Thema des traurigen Clwons. Ein vom Leben hart gezeichneter müder Mann nimmt seine lachende, vor Lebensfreude übersprühende Maske ab. Die Clownsmaske malte ich in ungebrochenen leuchtenden Farben, den Menschen in getrübten, mit Schwarz gebrochenen Farben. Jedes Bild für sich betrachtet ist recht harmlos. Das Gesamtbild aber ist kaum zu ertragen, es frappiert. Die Clownsmaske ist so gesteigert fröhlich, daß man es gar nicht glauben will, der Mensch so abgrundtief traurig, daß man es nicht fassen kann. Man muß nicht alle Kontrastmöglichkeiten in einem einzigen Bild anwenden. Ein, zwei Kontrastpaare sollte man bilden, um dem Bild Spannung zu geben.

Gestalten von Bildern. Kompositionslehre und Farbtheorie

„Quadratur des Kreises"

Gestalten von Bildern. Geometrische Formen

Geometrische Formen

Wenn man mit nur einer geometrischen Form arbeitet, wird man fast immer den Groß-klein-Kontrast einsetzen. Dabei sollte man darauf achten, daß sich die Größen wirklich deutlich voneinander unterscheiden, sonst wird die Spannung nicht spürbar. Kommen mehrere geometrischen Formen zum Einsatz, entstehen neue Kontrastpaare, beispielsweise: spitz – rund, ruhendes Quadrat zu bewegtem Kreis, einfache Form – detailreiche Form.

„Quadratur des Kreises" zeigt das Gegensatzpaar ruhendes Quadrat – bewegter Kreis, bei „Radius" sind die Gegensätze groß – klein, spitz – rund und warm – kalt sowie Fläche zu Linie augenfällig. „Dreieck und Sonne" zeigt sehr deutlich die Gegensätze warm – kalt und spitz – rund.

Alle drei Bilder wurden mit Tempera gearbeitet. Gleichmäßige Farbflächen lassen sich durch Aufstreichen mit dem Pinsel gar nicht erreichen. Sie müssen gestupst werden.

Gestalten von Bildern. Portraits

„Tiberisches Mädchen"

Gestalten von Bildern. Portraits

Ikonen

Alte Ikonen und klassische Hinterglas-Heiligenbildchen haben es mir irgendwie angetan. Einfach ein altes Bildchen nachzumalen, war mir jedoch zu wenig.
In der Camargue sah ich die „Schwarze Madonna" der Zigeuner als Skulptur. Nach der Legende sollen die drei Marien mit der schwarzen Dienerin Sarah dort mit einem Boot angekommen sein. Die Zigeuner fühlten sich der dunkelhäutigen Dienerin Sarah so verbunden, daß sie diese nun als Madonna anbeten und jedes Jahr im Mai eine große Wallfahrt nach Les Saintes Maries de la Mer abhalten. Die schwarze Madonna hat mich beeindruckt. Vielleicht verkörpert diese Figur die schwarze Seite der Urmutter oder die schwarze Kala, eine indische Figur, die Dämonin und Beschützerin zugleich ist. Die Gedanken beflügelten mich, ein Bild zu malen, in dem sichtbar werden sollte, daß diese Madonnenfigur als eine Mittlerin zwischen verschiedenen Kulturen gesehen werden kann.

Meine „Schwarze Madonna" ist nicht ganz dunkelhäutig. Sie hat dunkelblaue Augen wie manche Libanesen oder manche Volksstämme im Himalaya. In ihrer Marienkrone findet sich ein Abbild der indischen Kala oder der indonesischen Rangda. Segnend und schützend hält sie ihre Hände empor. Um diese moderne Ikone einen Freidenkers doch wieder alt erscheinen zu lassen, um Risse und Patina zu erhalten, behandle ich die Glasplatte vor.

Die gut getrocknete Glasplatte kann nun wie gewohnt bemalt werden. Auf eine Linienzeichnung verzichtete ich in diesem Fall und legte mir nur eine Zeichnung meiner Idee unter die Glasplatte. Um weiche Gesichtzüge zu erzielen, dürfen die Lichter und Schatten nicht hart nebeneinander stehen. Wohl brachte ich Licht und Schatten zuerst auf die Platte, malte dann jedoch die Hautfarbe so dazwischen, daß Licht und Schatten unmerklich ineinander überfließen. Fleischfarbe gibt es heute fertig gemischt zu kaufen. Trotzdem halte ich es für sinnvoll, Inkarnat oder Hautfarbe selbst anzumischen. Je nach Modulation läßt es sich dann nämlich abändern. Aus Weiß, etwas lichtem Ocker, Pariserblau und Englischrot lassen sich immer wieder neue individuelle Hauttöne erzeugen.
Die weiche Malweise habe ich nicht mit dem Borstenpinsel erzielt, ein runder Jaxhaarpinsel Nr. 4 schien mir geeigneter, das feine Gesicht zu modellieren. Jaxhaar ist nicht so weich wie Rotmarderhaar und nicht so störrisch wie Borstenpinsel. Die Krone legte ich als weiße Pinselzeichnung an, die mit stark lasiertem Rot durchsetzt ist und mit Goldbronze hintermalt wurde.

„Selbstportrait mit Hut"

Gestalten von Bildern. Ikonen

„Schwarze Madonna"

Besondere Techniken

Craquelieren

Für das Craquelée benötigt man speziellen Lack aus dem Künstlerfachgeschäft: „Reißlack 1" und „Reißlack 2". Mit dem Reißlack 1 bestreicht man die vorgereinigte Glasplatte. Dieser Lack soll in einem staubfreien Raum 4 bis 6 Stunden trocknen. Er soll keinesfalls ganz durchtrocknen. Auf die noch klebrige Lackschicht wird Reißlack 2 gestrichen. Schon nach einer Stunde kann man beobachten, wie der untere, halbtrockene Lack zu reißen beginnt. Wenn die Rißbildung abgeschlossen ist, hat der Reißlack 2 seine Schuldigkeit getan und kann mit Leitungswasser und einem feuchten Lappen vollständig entfernt werden. In einem Buch habe ich gelesen, daß man zwischen Auftrag des Reißlackes 2 und Abwaschen desselben 48 Stunden verstreichen lassen soll. Ich habe den Reißlack 2 schon abgewaschen, als mir die Rißbildung gut gefiel. Damit die Risse deutlich sichtbar werden, muß Farbe in die Ritzen gebracht werden. Hierzu streicht man Sepiatusche oder braune Ölfarbe mit dem Pinsel über die Glasplatte, bis alle Risse dunkel sichtbar werden. Mit einem glatten Lappen, der keine Härchen und Flusen aufweist, reibt man überschüssige Farbe von der Platte herunter; ein dünner Film kann jedoch zurück bleiben, um die Glasplatte insgesamt alt wirken zu lassen.

Vergolden

Den Nimbus (Heiligenschein) malte ich mit einfacher wasserlöslicher Goldbronze aus dem Gläschen. Die Klassiker und auch die beflissenen Hobbyisten hätten mit echtem Blattgold gearbeitet. Zugegeben, Blattgold hat einen Schimmer, gegen den kein Imitat ankommt. Aber es ist auch sehr teuer. Wie man mit Blattgold arbeitet, kann ich Ihnen hier beschreiben. Setzen Sie es aber nur ein, wenn es das Bild wirklich wert ist, der Wert Ihres Kunstwerkes soll ja nicht im teuren Goldhintergrund liegen. Blattgold, das sind dünne ausgewalzte Goldblättchen, die man in kleinen quadratischen Briefchen vom Künstlerversand bezieht. 24karätiges ist reines Gold, 23karätiges enthält 2 Karat Silber und so fort. Mit jedem kleinen Windhauch oder einem Hüsteln entschwebt das unverarbeitete Blattgold.

Man kann auch mit Sturmgold arbeiten, das ebenso Transfergold genannt wird. Diese Goldblättchen sind auf Seidenpapier aufgepreßt. Mit der Schere läßt sich das Seidenpapier-Gold zuschneiden. Zum Kleben verwendet man ein Spezialklebemittel, das Mixtion genannt wird. Die zähe Flüssigkeit wird auf die Glasfläche aufgebracht. Sie soll fast getrocknet sein, wenn man das Gold auflegt. Legt man es zu früh auf, ertrinkt das Gold. Das Seidenpapier mit dem Gold muß völlig faltenfrei aufgebracht werden, das Gold direkt auf den Kleber. Mit einem Wattebausch wird das Sturmgold leicht angedrückt, dann das Seidenpapier entfernt.

In gleicher Weise kann man den Rahmen der Ikone vergolden. Ich hatte glücklicherweise einen alten bronzierten Goldrahmen. Ansonsten hätte ich mir im Baumarkt Profilleisten geholt, auf Gehrung gesägt, geleimt und mit Goldbronze gestrichen. Um den Rahmen älter wirken zu lassen, kann man anschließend mit Holzbeize oder verdünnter Ölfarbe eine braungrünliche Patina auflegen.

„Tourismus"

Hinterglasradierung

Linienkratzen hat in der Hinterglasmalerei Tradition. Nicht in dieser frechen Art und Weise, wie ich daran gegangen bin, sondern in der Art der feingearbeiteten Goldradierung. Hierzu brachte man Transfergold auf die Glasplatte. Auf diese Goldschicht pauste man mit weißem Pauspapier den Entwurf. Mit einer Radiernadel kratzte man sodann Linien und Schraffuren aus. Die Linien durften nicht zu dicht aneinander gelegt werden, sonst lösten sich Flecken vom Blattgold ab. Zum Schluß hinterlegte man die Radierung mit dunkler Ölfarbe. Versuchen Sie das Verfahren einmal selbst. Mit anderen Metallfolien gelingt es nicht, aber experimentieren Sie doch einmal mit verschiedenen Farbsorten. Ölfarbe läßt sich in feuchtem Zustand bekratzen; Tempera, wenn sie trocken ist. Hat man die Tempera auf eine Lackschicht aufgemalt, lassen sich keine sehr feine Linien erzeugen, weil kleine Lackpartikel mit abreißen. Wasserlösliche Kreide kann man gut abkratzen, wie man auch am Beispiel des Bildes „Tourismus" sehen kann.

Hinterglascollage

Das Bild „Tourismus" ist eine Hinterglascollage. Reiseprospekte sind immer bunt, sonnig und voll von jungen fröhlichen Menschen, denen es an nichts fehlt. Wenn man im Land der Träume gelandet ist, folgt alsbald die Ernüchterung. Das einsame Häuschen ist einer riesigen Hotelkette einverleibt, wo Tag und Nacht gebaut wird. Vor der Haustür liegt nicht der Strand, sondern eine Autorenn-

Besondere Techniken. Hinterglascollage

„Strandgut"

strecke. Das Land ist nicht das der immerjungen Glückseligen, es gibt Armut und Alter. Diese Diskrepanz zwischen Schein und Sein hat meine Hinterglasmalerei zum Thema. Der farbige Reiseprospekt zerreißt – und heraus blickt eine faltige alte Frau. Mit Kreiden wurden farbige Partien auf die Glasplatte gemalt, das Kleid der alten Frau, die Stege zwischen den einzelnen Prospektbildern. Die Prospektbilder verschwinden zum Teil hinter der Bemalung des Glases. Die alte Frau wurde auf Papier gezeichnet, damit sie nicht vor den Prospekten steht. Ihr Gesicht ist jedoch wieder auf das Glas gemalt. Das Kleid der Frau (auf die Glasfläche aufgebrachte Kreide) wurde mit einer Stoffnadel bekratzt. Dadurch erhielt es Struktur.

„Strandgut"
Urlaub am Meer, das bedeutet für uns – lange Strandspaziergänge. Ich weiß kaum etwas Erholsameres, als langsam über den Strand zu wandern, die Füße von brandenden Wellen umspült. Die Nase ist dann immer auf den Boden gerichtet, denn ich bin ein ausgesprochener Schatzsucher. Besonders schön geformtes Schwemmholz, rundgeschliffene Steine und hübsche Muscheln, alles wandert in mein Säckchen. Zu Hause füllt es Körbe. Einige Stücke werden dann zu Zeichenobjekten, andere zu Teilen eines Wandbildes oder eines „Ferienkastens". Für einen Ferienkasten wird das bunte Sammelsurium einer Reise in einem Glaskasten komponiert, den man dann wie ein Bild hochkant an die Wand hängen kann.

Besondere Techniken. Hinterglascollage

In unserem letzten Urlaub am Meer haben wir auch wieder „Schatzsucher-Wanderungen" unternommen. Aber ein ganz besonders fröhlicher Ausflug brachte uns einen so grausigen Fund, daß uns plötzlich alles verleidet war. Auf den Felsen saßen die stolzen Kormorane mit gespreizten Flügeln und trockneten ihre Gefieder. Wir hatten bewundernd nach ihnen geschaut. Dann plötzlich fanden wir dort, wo der Strand einsam wurde, einen toten Kormoran, das Gefieder von Teer verklebt. Bestürzt sahen wir ihn von allen Seiten an. Etwas weiter fanden wir fünf weitere ölverschmierte Kormorane und zwei teerverklebte Delphine. Das sind die kleinen, heimlichen Ölkatastrophen, klärte mich mein Mann auf, Schiffe, die auf See ihr Altöl los werden oder Havarien, die zu unspektakulär sind um Schlagzeilen zu machen. Mich fror vor Entsetzen. Mein Urlaubswandbild wurde diesmal keine fröhliche Collage. Noch an Ort und Stelle fertigten wir Skizzen von den verendeten Tieren an.

Für das Hinterglasbild verwendete ich Antireflexglas. Die Federzeichnung aus dem Skizzenbuch vergrößerte ich per Fotokopie. Zunächst wurde der tote Vogel grob mit einem weichen Bleistift aufs Glas gezeichnet. Auch die Lage der anderen Fundstücke wie Muscheln, Waschmittelpackung, Blechdose, Schnur, Kork, Plastik wurde angezeichnet. Mit wasserlöslichen Kreiden, die ich trocken vermalte, brachte ich partiell etwas Farbe ins Bild. Kormorane sind von Haus aus schwarz. Da ich kein Bild fürs Biologiebuch malen, sondern ein expressives Bild schaffen wollte, gab ich dem Kormoran etwas Rot und Blau ins klebrige Gefieder. Diese Farben sollten signalisieren, daß einmal Leben in diesem Wesen war. Die Fundstücke klebte ich auf den Hintergrund, die Rückwand des Bildes. Da sie nicht plan waren, brauchte ich Leisten als Abstandshalter in 1 cm Höhe. Hierzu schnitt ich mir 1 cm breite Leistchen aus 1 cm starkem Balsaholz und klebte sie ringsherum auf den Rand der Rückwand. Darauf konnte ich das Glas auflegen. Jetzt wollte ich noch richtigen Sand im Bild haben.

Hierzu sprühte ich (FCKW-freien) Klarlack auf die Seite der Glasplatte, die ich auch bemalt hatte, und streute den Sand darauf. Als der Lack trocken war, klebte der Sand fest. Diesen Arbeitsgang habe ich sehr bedacht ausgeführt, so daß genau die Stellen mit Lack und Sand bedeckt waren, die geschlossen sein sollten. Auf die freien Stellen zeichnete ich mit der Stahlfeder und Skriptol das teerverschmierte Gefieder des Kormorans.
Einige Stellen des Hintergrundes der Bildrückwand beklebte ich ebenfalls mit Sand, so wurde die Tiefenwirkung deutlicher. Mit Paketklebeband verband ich die Glasplatte mit der Rückwand, so daß ein schmaler Kasten entstand.

Besondere Techniken. Spiegel

Spiegel

Verspiegelte Hinterglasbilder hat es früher schon gegeben. Der abgebildete Spiegel ist jedoch neueren Datums und stammt aus Lateinamerika. Der Künstler hat eine ovale Glasplatte mit sechs Bildern, die vom Alltag in einem Indiodorf erzählen, belegt. Die Fläche in der Mitte ist verspiegelt. Ein Holzrahmen mit Streben, die die einzelnen Motive voneinander abtrennen, hält das Ganze optisch zusammen. Die Malweise ist dieselbe wie bei den Bildern „Möbelmarkt" und „Gasse von Fes". Zuerst wurde der Riß mit der Feder aufgebracht, dann die Ölfarbe. Der schnoddrigen Federzeichnung setzte der Künstler eine malerische Farbgebung gegenüber. Durch blinde Flächen, Stellen ohne Farbauftrag, schimmert ein goldner Hintergrund. So etwas kann aufgemalt oder in Form einer Metallfolie hinterlegt werden.

Besondere Techniken. Spiegel

Besondere Techniken. Spiegel

„Spiegel"

Objekte

Bisher wurde nur von der Maltechnik und der Gestaltung der Bilder gesprochen. Daß die Mehrzahl der Bilder einen Rahmen benötigt oder Teil der Raumgestaltung wird, erwähnte ich bisher nicht. Nicht von ungefähr haben die klassischen Hinterglasbilder alle einen stabilen Rahmen, zerbricht doch mit dem Glas das Kunstwerk.

Der Rahmen

Rahmen kann man machen lassen, fertig kaufen oder selbst herstellen. Beim Bild „Schwarze Madonna" hatte ich einen alten Rahmen, der von der Größe und Machart gut zu einer Ikone paßte, und schnitt mir das Glas im richtigen Format dazu. Bei anderen Bildern war es ein Sonderangebotspreis, der mich veranlaßte, Glas mit Holzrahmen fertig zu kaufen. Oft paßt die Farbe des Rahmens nicht zu den fertigen Hinterglasbildern. Aber da kann man abhelfen: Mit Holzbeize kann man den Rahmen dunkler beizen, man kann aber ebenso Ölfarbe mit Terpentin verdünnen und damit farblich passende Linien oder Schattenkanten einziehen. In manchen Fällen wirkt auch eine feine Goldlinie gut, die man mit flüssiger Goldbronze und Ziehfeder aufzeichnet. Ziehfedern findet man in Zirkelkästen oder einzeln im Zeichenfachgeschäft. Sie sind verstellbar, so daß man dickere und dünnere Linien damit zeichnen kann. Man füllt sie mit dem Pinsel. Damit die Farbe gleichmäßig herausfließt, nicht kleckst und nicht stockt, muß man mit der Konsistenz der Farbe experimentieren. Die Feder zieht man an der Tuschkante des Lineals entlang. Wer es sich zutraut, kann eine Schmucklinie auch mit Pinsel und Lineal einziehen.
Den getönten Rahmen kann man anschließend mit Holzwachs einreiben, dann erhält er einen samtigen Glanz.

Holzrahmen kann mach auch selbst basteln, aus Profilleisten, die man im Baumarkt erhält. Stumpf sollte man die Leisten nur stoßen, wenn der Bildcharakter es zuläßt. Ansonsten muß man sich die Mühe machen und auf Gehrung, sprich 45-Grad-Winkel zusägen. Das glückt natürlich mit einer speziellen Gehrungssäge am besten. Die Leisten werden zusammengeleimt und mit je einem Nagel zusammengehalten. Das Glasbild wird hineingelegt und mit einem Streifen Karton hinterlegt. Manche Maler legen etwas Küchenkrepp zwischen Bild und Karton, um das Gemälde zu polstern. Mit einem flach angesetzten Schraubenzieher klopft man die Glaserdreiecke in den Rahmen, um das Bild in seiner Position zu halten. Bei alten Bildern ist die Fuge oft zusätzlich mit Klebeband überdeckt. Das gibt guten Halt und schützt vor Staub und Feuchtigkeit.

Über die Art der Rahmung brauche ich mir bei meinem Raumteiler „Ein-/Ausblick" keine Gedanken zu machen. Das Glas sitzt in einem alten verwitterten Fensterflügel. Diesen Fensterflügel habe ich dazu bestimmt, als Raumteiler Bibliothek und Wohnzimmer zu trennen. Um die vielen Bücher unterzubringen, mußten wir ein Stahlregal quer ins Zimmer hineinwachsen lassen. Obwohl vor lauter Bücher vom Regal fast nichts zu sehen ist, war mir das Gestänge ein Dorn im Auge. Der alte Fensterflügel hat nun die Breite des Regales. Ich beschloß, ihn vor dem Regal anzubringen und passend zu meinem orientalischen Tisch zu bemalen. „Ein-/Ausblick" heißt das Bild, weil man zugleich auf die Souks hinaussieht und in die Handwerksstube hinein.

Objekte. Der Rahmen

Objekte. Der Rahmen

Die Idee war bald geboren, aber die Ausarbeitung des Entwurfes war nicht einfach. Ich wollte ein Foto integrieren, das sich scheinbar im oberen farbigen Teil fortsetzt. Oben sollten Moscheen und Kuppeln zu sehen sein, wie man sie im Orient findet. Die Straßenszene habe ich in einer Gasse von Fes fotografiert. Wenn Sie das Foto genau betrachten, werden Sie feststellen, daß die Bildperspektive so gestaltet ist, daß man Moscheen und Kuppeln von dieser Blickrichtung nie sehen könnte. Ich mußte also eine perspektivische Ergänzung finden, die eigentlich gar nicht möglich ist und doch nicht falsch wirkt. Das schwarzweiße Foto sollte Gegenpol zu den farbigen Dächern und der Ornamentik sein. Ein klein wenig vermitteln wollte ich jedoch.

Für die Glasmalerei wurden transparente Farben entwickelt. Ich verdünnte sie stark und färbte einige Stellen, wo das Foto sein sollte, damit ein. Damit ich die richtigen Stellen traf, skizzierte ich die Fotografie auf der Vorderseite des Glasfensters mit Filzer auf. Nach Fertigstellung der Arbeit wischte ich diese Skizze wieder ab. Die Rißzeichnung im Dächerbereich entstand freihand mit wasserfestem Filzstift, ausgemalt wurde sie mit Ölfarbe.

Objekte. Das Ornament

Das Ornament

Die nächste Hürde war das Ornament. Ornamente tauchen in der klassischen Hinterglasmalerei immer wieder auf. Hier finden Sie eine alte Ornamentik aus dem grandiosen Schatz der Araber. In Andalusien oder Nordafrika findet man Rapports. Anhand des Schwarzweißabzuges fertigte ich mir eine Zeichnung. Um das Ornament ganz exakt nacharbeiten zu können, hätte man es konstruieren müssen. In dieser Präzision brauchte ich es glücklicherweise nicht, denn ich wollte ja den Touch des Alten. Mit wasserfestem Filzschreiber und Lineal zeichnete ich das Ornament aufs Glas. Sodann füllte ich die Flächen mit blauer, grüner, schwarzer und orangener Farbe. Die weißen Flächen sparte ich aus, bis die Farben getrocknet waren. So konnte ich die weißen Flächen durch Übermalen füllen.

Als die Ölfarbe antrocknete, sog sie die tiefe Schwärze des Filzschreibers auf. So wurde der Gesamteindruck des Bildes weniger streng.
Der dritte Teil des Bildes ist die Werkstatt der Kupferschmiede. Hiervon besaß ich nur eine verwackelte, unscharfe Aufnahme. Ein Passant war mir zudem ins Bild gelaufen. Angelehnt an das Foto, fertigte ich eine Zeichnung. Ich wünschte mir einen Übergang vom Ornament zur Kupferschmiede. Eine harte Trennlinie hätte die Bilder scharf voneinander geschieden, und eine Ansammlung zusammenhangloser Bilder auf einem Glas strebte ich nicht an. Auf den letzten Zentimetern des Ornamentteiles legte ich deshalb das Lineal beiseite und zeichnete von Hand. Die Säulen, die den Blick stark nach innen ziehen, zeichnete ich freihand mit Feder und Tusche, ebenso die Kupferschmiede mit den arbeitenden Kindern und den vielen Gefäßen. Da diese Handwerkerstuben sehr düster sind, wählte ich gebrochene Farben. So findet sich hier zweimal der Kontrast von klaren und gebrochenen Farben.

Objekte. Das Ornament

„Ein-/Ausblick"

Das Fenster

Im Stil eines Kirchenfensters malte ich das Bild „Sodom und Gomorrha". In die Wand integriert, scheint es wirklich ein Glasfenster zu sein. Tatsächlich handelt es sich aber um eine Hinterglasmalerei wie alle vorher beschriebenen Arbeiten auch. Im Bastelgeschäft kann man selbstklebendes Bleiband erwerben. Es ist von der Rolle zu bekommen und kann mit der Schere paßgenau zugeschnitten werden.

Zuerst entwarf ich die Figuren, Lot und seine Frau. Dann zeichnete ich die Ansicht einer Stadt. Mit dem Zoomkopierer brachte ich die Einzelteile in die richtigen Größenverhältnisse und fügte sie zu einem Gesamtbild zusammen. Das Gesamtbild in Originalgröße legte ich farbig an. Dann überlegte ich, ob die Skizze seitenrichtig oder seitenverkehrt übertragen werden sollte. Entsprechend legte ich mir das Transparentpapier mit der Zeichnung unter die Glasscheibe, die ich zunächst bearbeiten wollte. Den Farbentwurf legte ich neben meinen Arbeitsplatz und beklebte die Vorderseite der Glasplatte mit Bleiband. Auch wenn es sich dabei nur um ein „trompe-l'œil", eine Täuschung für das Auge, handelt, sollte man die Bleibänder nicht planlos aufkleben. Man sollte sich an die Regeln der alten Glasmalerei halten, wenn man eine stimmige Komposition erreichen will, sonst werden die falschen Bleibänder zu sinnlosem Zierat.

Das Kirchenfenster besteht aus vielen, kleinen einfarbigen Glasscheiben, die durch die Bleibänder zu einem vielfarbigen Bild zusammengehalten werden. Ein mit Blei umfaßtes Segment kann also nicht zugleich Blau und Rot enthalten. Es kann nur blau oder rot sein, allerdings mit Nuancierungen, die man schon frühzeitig einzubringen wußte. Mit diesem Wissen sollte man an die Segmentierung mit den Bleiklebebändern herangehen. Umfassen Sie also keine Flächen, die ganz verschiedene Farben einschließen. Gleichzeitig muß man darauf achten, daß die Bleibänder, für sich allein gesehen, ein schönes Mosaik abgeben. Sie dürfen die Figuren nicht ungünstig durchtrennen oder gar unkenntlich machen.

Für die Ausarbeitung des Risses auf der umgewendeten Scheibe schien mir nur eine schwarze Pinselzeichnung geeignet. Um nichts zu verwischen und keine Fettfinger aufs Glas zu bringen, arbeitete ich von oben nach unten, wobei ich immer ein schützendes Papier weiterschob. Das Schwierigste war deshalb gleich zu Anfang zu bewältigen. Freihand mit der Feder gezeichnete Häuserzeilen wirken oft schon sehr zittrig, freihand mit dem Pinsel sehen sie nur bei einem Pinselvirtuosen gut aus. Ich entschloß mich, das Lineal zu Hilfe zu nehmen. Auf das Glas auflegen darf man das Lineal nicht, sonst verteilt der Pinsel die Farbe darüber und darunter. Man muß es mit der linken Hand zwei, drei Zentimeter über der Zeichenfläche halten und die Pinselhülse – nicht das Pinselhaar – an das Lineal anlegen. Ein Dreieck, in das man hineingreifen kann, läßt sich am besten halten. Zum Zeichnen verwendet man einen runden Rotmarder-Haarpinsel mit feiner Spitze, etwa Nr. 3. Mit etwas Übung schafft man es, daß die Pinselhülse sauber an der Linealkante entlang gleitet. Die Figuren zeichnet man freihand.

Ehe die Ölfarbe aufgebracht wurde, legte ich im Bereich der Flammen und Häuser einige Stellen mit transparenter Glasmalfarbe an, um die Leuchtkraft und Farbintensität zu steigern. Den Himmel malte ich von oben herab tiefblau, von unten herauf rot. Auf die Mitte zu vermischte ich die beiden Farben miteinander. Als das Gemälde getrocknet war, patinierte ich das selbstklebende Bleiband auf der Vorderseite mit verdünnter Ölfarbe.
Es hatte zu neu und silbern aus dem Gesamtbild herausgewirkt.

Bleiverglasung

Für die Bleirahmung gibt es im Fachhandel U-Schienen aus Blei. Die U-Schienen werden so zugeschnitten, daß sie sich an den Ecken überlappen. Sie werden um das Bild gelegt und mit dem Lötkolben an den Ecken verschmolzen. Damit die Scheibe nicht verrutscht, kann man die ganze Arbeit auf ein Holzbrett legen, in das man einige Nägel so einklopft, daß sie die Bleibänder in der richtigen Position halten, bis die Ecken verlötet sind.

Rechte Seite „Sodom und Gomorrha"

Objekte. Bleiverglasung

63

Anhang

		Seite
Bazar	30 x 45 cm	10
Arabische Miniatur	3 x 12 cm	14
Arabische Miniatur	3 x 12 cm	15
Mama ist lieb	17 x 23 cm	17
Schwertblume	40 x 40 cm	18
Junge mit der Schleuder	Ø 19 cm	22
Drei Könige	19 x 25 cm	23
Bethlehem	41 x 63 cm	25
Möbelmarkt	30 x 30 cm	27
Gasse von Fes	23 x 30 cm	29
St. Tropez I	30 x 40 cm	30
St. Tropez II	30 x 40 cm	31
Boulespieler I	23 x 30 cm	33
Boulespieler II	23 x 30 cm	34
Baum	30 x 45 cm	37
Quadratur des Kreises	40 x 40 cm	39
Radius	40 x 40 cm	40
Dreieck und Sonne	40 x 40 cm	41
Tibetisches Mädchen	23 x 30 cm	45
Selbstportrait mit Hut	20 x 30 cm	46
Schwarze Madonna	16 x 22 cm	48
Tourismus	40 x 50 cm	50
Spiegel	36 x 46 cm	56
Ein-/Ausblick	38 x 105 cm	61
Sodom und Gomorrha	36 x 62 cm	63